John W. Schaum

GW01454414

FINGERKRAFT

Eine Reihe progressiv geordneter technischer Übungen für KLAVIER und ORGEL

Heft 3

VORWORT

Von einem berühmten Konzertpianisten wird erzählt, daß er seine Hände auf eine flache Glasplatte legte und durch den bloßen Anschlag eines einzigen Fingers das Glas zum Zerspringen bringen konnte. Das mag wahr sein oder auch nicht. Jedenfalls soll damit auf die erstaunliche Kraft hingewiesen werden, über die Berufspianisten in den Fingern verfügen. Kräftige Finger sind eine wichtige Voraussetzung, sowohl für Amateur- als auch für Konzertpianisten.

Die FINGERKRAFT-ÜBUNGEN von John W. Schaum führen zur Stärkung der Finger. Sie befassen sich mit der Angleichung der technischen Fertigkeit beider Hände, der Entwicklung der musikalischen Phrase, den rhythmischen Verschiedenheiten und der Anschlagstechnik. Die Übungen sind bewußt kurz gehalten, so daß sie leicht in die übrigen Aufgaben des Schülers mit eingeordnet werden können.

Heft 1 entspricht dem Schwierigkeitsgrad der ersten Stufe, Heft 2 dem Schwierigkeitsgrad 1½ und Heft 3 dem Schwierigkeitsgrad 2.

FINGERPOWER

A Set of Progressive Technical Exercises for PIANO or ORGAN

Book 3

FOREWORD

It is said that a famous concert pianist could place his hands on a flat piece of plate glass and crack the glass with the stroke of a single finger. This may or may not be true. However, the story emphasizes that professional pianists have prodigious fingerpower. Strong fingers are an important requirement for the amateur as well as the career pianist.

The John W. Schaum FINGERPOWER exercises provide the means of acquiring finger strength. They feature hand equalization, phrase development, rhythmic variety and different types of touch. The exercises are short which enable them to be fitted in with the student's other musical assignments.

Grade levels are as follows:

Book One — Elementary (A or Grade 1)
Book Two — Upper Elementary (B or Grade 1½)
Book Three — Early Intermediate (C or Grade 2)

The sole agency of Bosworth & Co., Ltd., 8/9 Frith Street, London W1D 3JB for Great Britain and Commonwealth (except for the Dominion of Canada), Eire, The African Continent and the Continent of Europe (including Norway, Sweden, Denmark, Holland and Finland).

BOSWORTH EDITION

Inhalt Heft 3

Schwierigkeitsgrad 2

Contents Book Three

Early Intermediate (C-Level, Grade 2)

1. Triolen - Triplets

Anmerkung: Betone die erste Note jeder Triole.   *Note: Accent the first note of each triplet.*

Zusätzlicher Ubungsstoff im Schwierigkeitsgrad 2	**Music to Correlate with the Early Intermediate Curriculum (C or Grade 2)**
WIR MUSIZIEREN AM KLAVIER, Heft 4 (Grundlehrgang)	MUSIC MAKING at the PIANO, Book Four (Basic Method)
Ergänzungshefte:	Supplementary Books:
ARPEGGIEN-NOTENSCHULE	KEYNOTE ARPEGGIO SPELLER
RUND UM DIE WELT IN ALLEN TONARTEN	AROUND THE WORLD IN ALL KEYS
CZERNY DURCH ALLE TONARTEN, Heft 2	CZERNY IN ALL KEYS, Book 2
RHYTHM & BLUES, Heft 2	RHYTHM & BLUES, Book 2

2. Zwei Noten gegen eine - Two Notes Against One

3. Eine Note gegen zwei - One Note Against Two

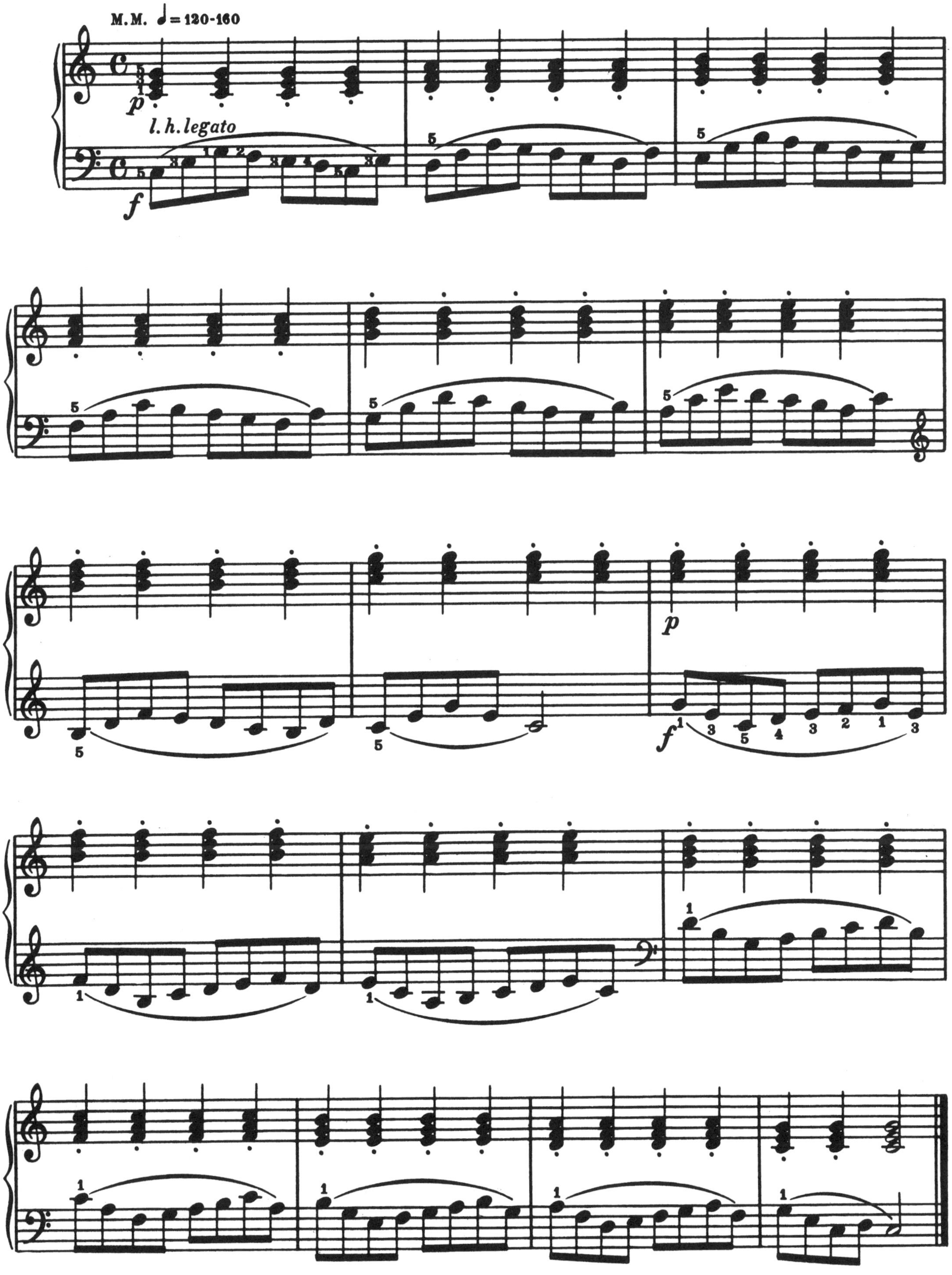

4. Übung mit gekreuzten Händen (3/4)
Cross Hand Etude (3/4)

5. Übung mit gekreuzten Händen (4/4)
Cross Hand Etude (4/4)

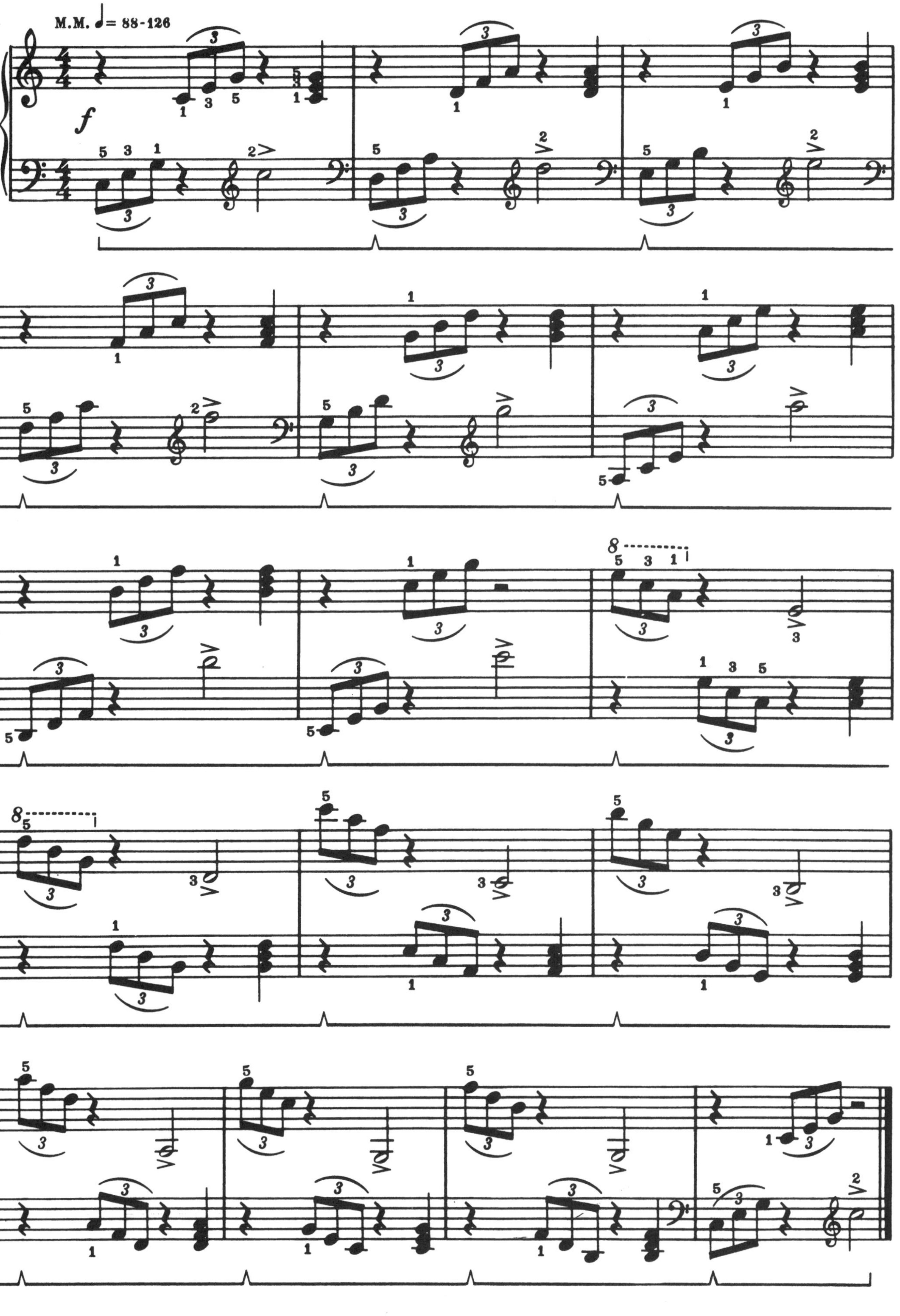

6. Dreiklang-Umkehrungen - Chord Inversions

7. Hand-Spreizübung - Hand Stretching Technique

8. Fingergeläufigkeit - Finger Velocity

9. Liegenbleibender Daumen - Sustaining the Thumb

10. Liegenbleibender Zeigefinger
Sustaining the Second Finger

11. Liegenbleibender Mittelfinger
Sustaining the Third Finger

12. Liegenbleibender Ringfinger
Sustaining the Fourth Finger

13. Liegenbleibender kleiner Finger
Sustaining the Fifth Finger

14. Tonleiterpassagen und Staccato-Akkorde
Scale Passages and Staccato Chords

15. Legatospiel in Terzen - Legato Thirds

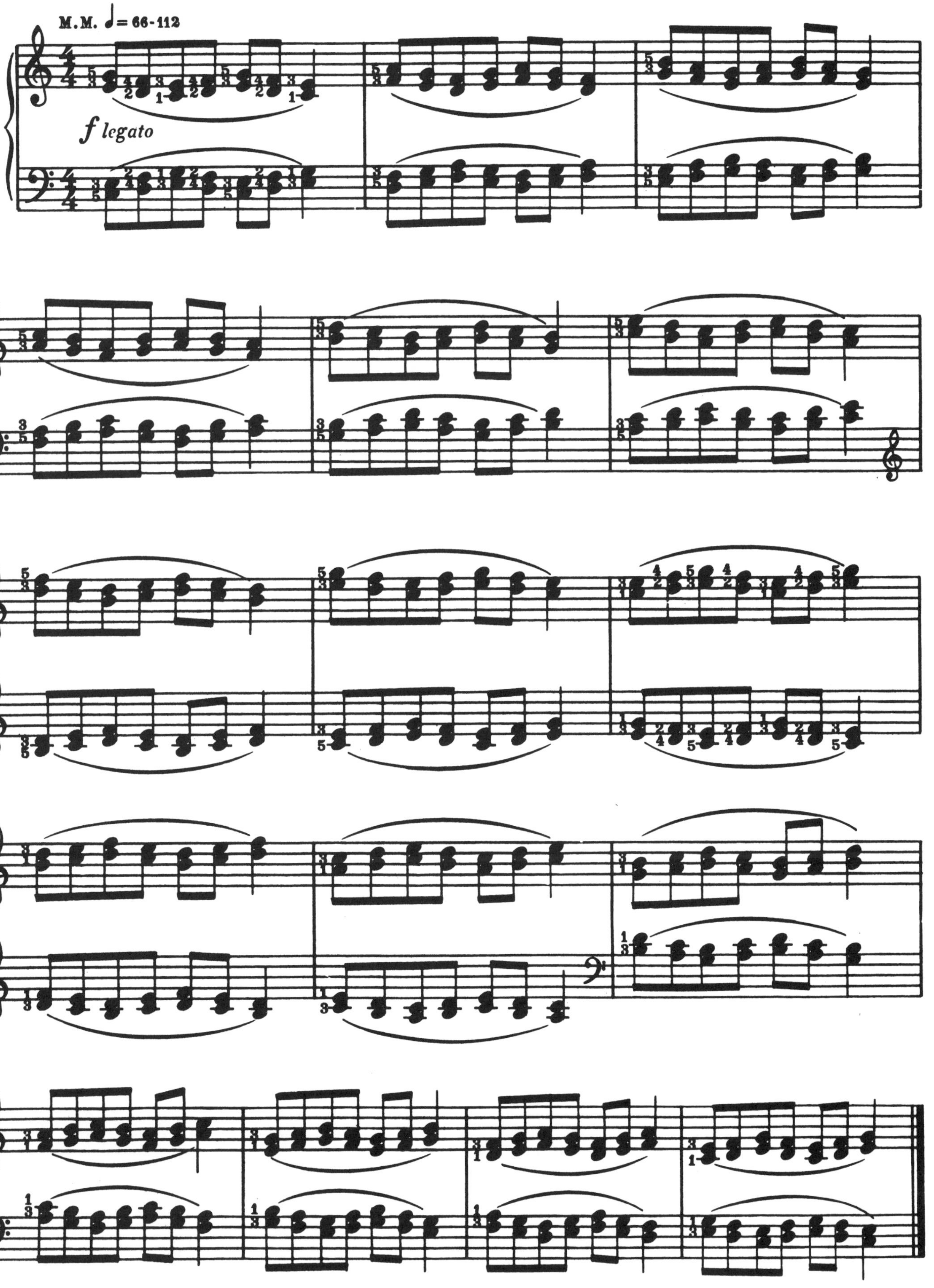

16. Sechzehntelpausen und -noten
Sixteenth Rests and Notes

17. Übung für die schwächeren Finger
Etude for the Weaker Fingers

18. Ineinandergreifen der Hände
Interlocking Hand Pattern

19. Akkorde in chromatischer Folge
Chromatic Chord Etude

20. Arpeggien in chromatischer Folge (auf- und abwärts)
Chromatic Arpeggio Etude

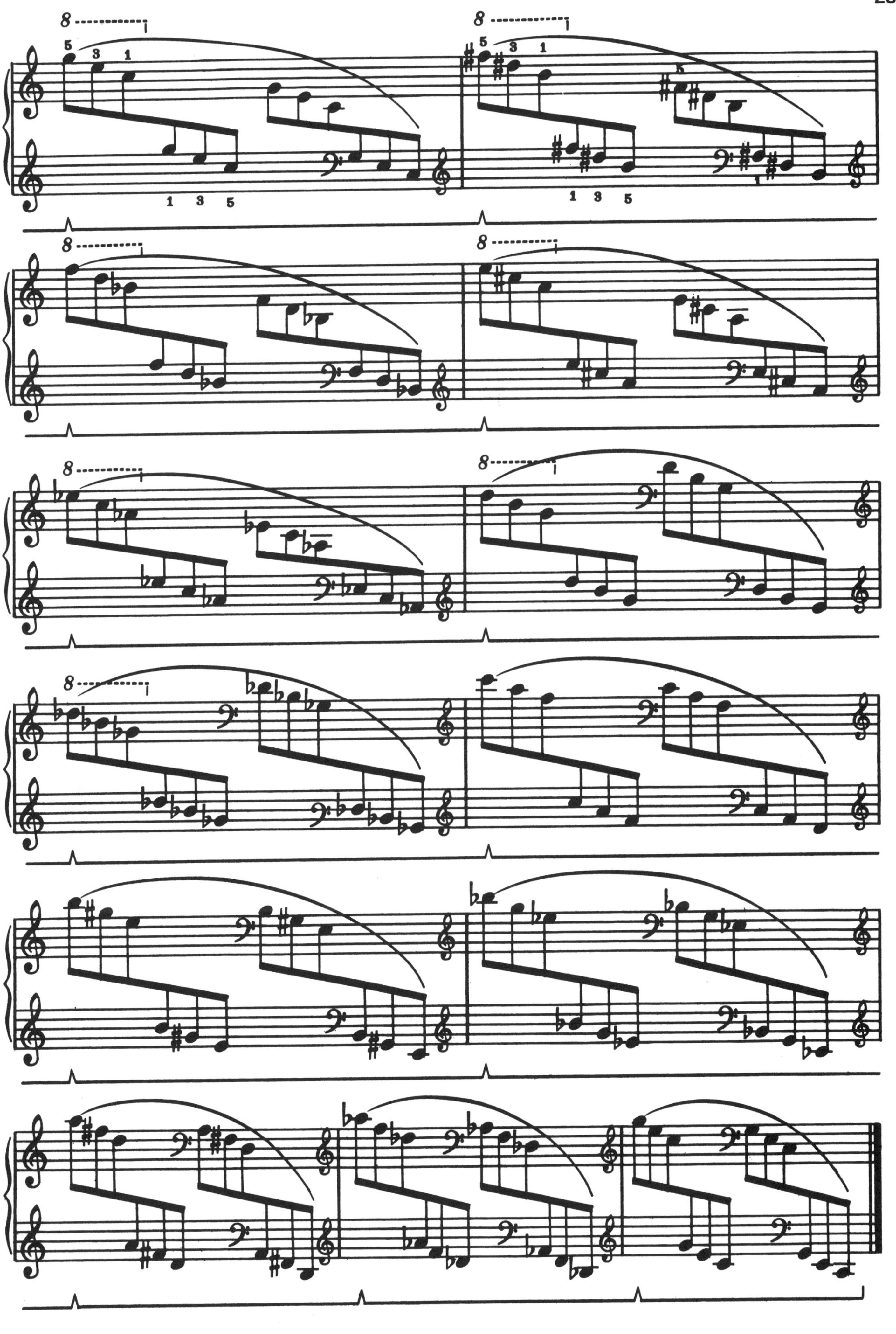

Made in the EU 1/14(189512)

John W. Schaum präsentiert

CZERNY durch alle TONARTEN

für Klavier oder Orgel

Vorwort

Die Hefte „CZERNY DURCH ALLE TONARTEN" wurden aus einer weitgefächerten Auswahl der vielen Etüdenwerke Carl Czernys zusammengestellt. Der Schüler lernt daraus alle Arten der Klaviertechnik kennen. Die Etüden sind kurz (16 Takte im Umfang), so daß der Schüler sie leicht neben seinen übrigen musikalischen Aufgaben bewältigen kann.

Im 1. Band werden in einem wichtigen Anhang die Tonleitern und Akkorde in allen Tonarten vorgestellt. Der 2. Band widmet sich in einem besonderen Abschnitt den Tonleitern mit Kadenzen in allen Tonarten. Band 1 hat den Schwierigkeitsgrad der oberen Elementarstufe (B oder Grad 1½), während Band 2 der ersten Zwischenstufe (C oder Grad 2) entspricht.

John W. Schaum